Dirk Oder

E-Procurement

GRIN Verlag

Bibliografische Information der Deutschen Nationalbibliothek:

Die Deutsche Bibliothek verzeichnet diese Publikation in der Deutschen National-
bibliografie; detaillierte bibliografische Daten sind im Internet über http://dnb.d-
nb.de/ abrufbar.

Impressum:

Copyright © 2002 GRIN Verlag GmbH
Druck und Bindung: Books on Demand GmbH, Norderstedt Germany
ISBN: 978-3-656-90500-4

Dieses Buch bei GRIN:

http://www.grin.com/de/e-book/15544/e-procurement

FACHHOCHSCHULE PFORZHEIM
FACHBEREICH 03
BESCHAFFUNG UND LOGISTIK

Managementseminar 2002

Grundlagen E-Procurementsysteme

Eingereicht durch:

Dirk Oder

E-Procurement

Abkürzungsverzeichnis

B2B	Business-to-Business
CEO	Chief Executive Officer
CRM	Customer Relationship Management
DPS	Desktop Purchasing System
EAN	Europaeinheitliche Artikelnummer
EDI	Electronic Data Interchange
EDIFACT	Schweizer Unternehmen für EDI Software
ERP	Enterprice Resource Planning
FiBu	Finanzbuchhaltung
HTML	Hypertext Markup Language
IBM	International Business Mashines
IT	Information Technologie
MRO	Maintenance Repair Operation
MSPC	Multi Supplier Catalog
OBI	Open Buying on the Internet
SCM	Supply Chain Management
SET	Secure Electronic Transaction
SSC	Shared Service Centers
SSL	Secure Socket Layer
URL	Uniform Resource Locator

Abbildungsverzeichnis

1.0 Einleitung

Heute ist es mehr als je notwendig, den veränderten Anforderungen der Märkte offen und innovativ zu begegnen.

Die Globalisierung der Märkte, die drastische Verkürzung der Produktlebenszyklen und die zunehmende Dezentralisierung der Unternehmensfunktionen haben die Rolle der Materialwirtschaft tiefgreifend gewandelt.

Die weltweite technische Entwicklung von E-Business hat neue Märkte geöffnet und neue Anforderungen an das Management gestellt, die Unternehmen erfolgreich in ein neues „E" bestimmendes Zeitalter zu führen.

Um diesen Forderungen gerecht zu werden, hat die Beschaffung E-Procurement entwickelt.

Definition:

[„E-Procurement" bezeichnet die Nutzung von Informations- und Kommunikationstechnologien zur elektronischen Unterstützung und Integration von Beschaffungsprozessen.][1]

In der Vergangenheit haben sich einige mehr und weniger gute Lösungen auf dem Markt präsentiert. Nicht alle sind für jedes Unternehmen geeignet.

In dieser Arbeit werden klassische und elektronische Beschaffungsprozesse verglichen, die Vorteile des E-Procurement herausgearbeitet und Anwendungsgebiete aufgezeigt.

Des weiteren werden verschiedene Lösungen für den Einsatz von E-Procurement vorgestellt und die Anwendungsgebiete kritisch betrachtet.

Sicherheitsaspekte und Probleme werden analysiert und mit den Systemen in Verbindung gebracht. Abschließend wird die Frage nach der weiteren Entwicklung von E-Procurement gestellt.

---

[1] Vgl. KPMG

2.0 Gründe für E-Procurement

Die Beschaffung ist der elementare Schlüsselfaktor für die Wettbewerbs-
fähigkeit eines Unternehmens. Damit wird auch die Automatisierung der
Schlüsselfunktionen, umgesetzt als E-Procurement, immer wichtiger.

Dies lässt sich so erklären: Die immer geringere Fertigungstiefe lässt die
Wertschöpfungsprozesse ebenfalls geringer werden. Das führt dazu, dass der
relative Anteil an Material und Dienstleistungskosten immer höher wird. Die
Erkenntnis der Veränderungen gibt den Anstoß im Unternehmen,
Veränderungen innerhalb der Beschaffung zu realisieren.

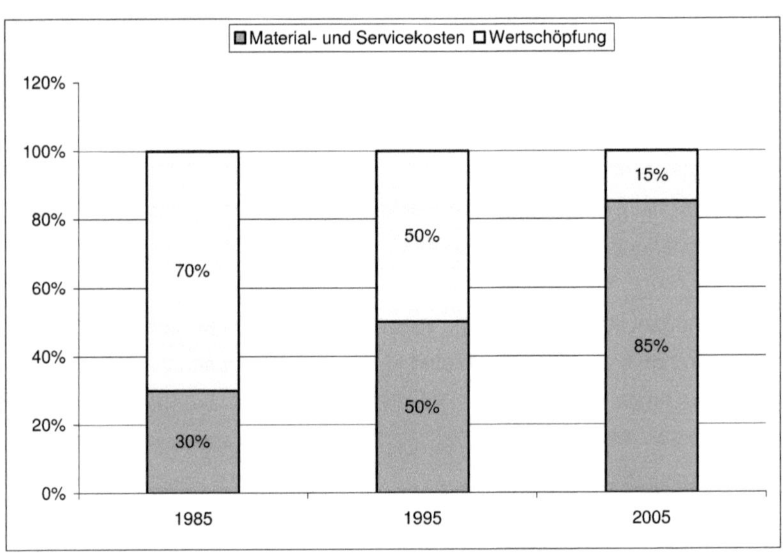

Abbildung 1: Wertschöpfung von Unternehmen durch den Material- und Servicekostenblock[2]

Die Grafik zeigt, dass in ein paar Jahren der reine Wertschöpfungsanteil in
einem Produkt auf ein Minimum gesunken sein wird. Damit werden neben dem
positiven Effekt der Leistungskonzentration auch neue Unternehmensfelder
geöffnet. Von E-Procurement profitiert nicht nur das eigene Unternehmen,
sondern langfristig die gesamte Marktwirtschaft.

---

[2] Vgl. Soellner, N., Mackrodt, C. (1999), S. 77

2.1 Kosteneinsparungen

Jede gesparte monetäre Einheit in der Beschaffung wirkt sich direkt positiv auf den Gewinn aus. Eine unternehmensinterne Studie von Daimler Chrysler hat ergeben, dass eine Steigerung des Umsatzes von 10% die gleiche Wirkung hat wie eine Senkung der Materialkosten um 0,58%[3]. Dies macht auch ein ROI Szenario, (siehe Abbildung 2) deutlich.

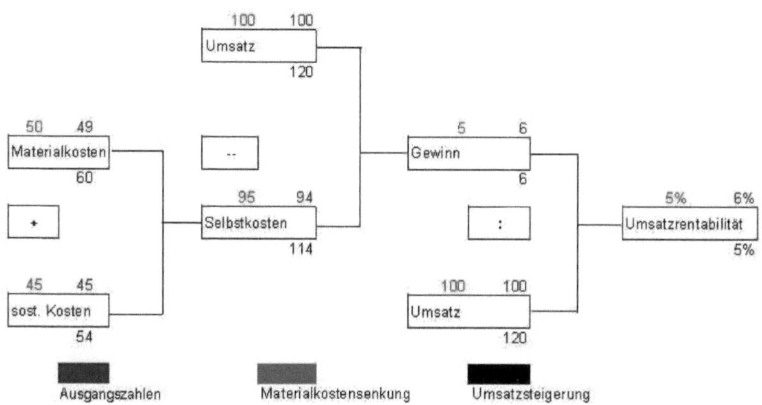

Abbildung 2: Umsatzrentabilität am Beispiel Materialkostensenkung vs. Umsatzsteigerung.[4]

Geringere Preise für Material und Dienstleistungen allein als Kosteneinsparung anzusehen, wäre jedoch falsch. Die Einsparungen lassen sich noch weiter differenzieren:

- Kostenersparnis durch transparentere Versorgungsmärkte
  Die Beschaffungsmarktforschung kann effizienter und umfassender gestaltet werden.
- Transaktionskosten und Zeit
  Für einen klassischen Bestellvorgang werden heute im Schnitt 7 Tage benötigt. Durch E-Procurementsysteme kann der Vorgang auf 2 Tage verkürzt werden. Dies wird vor allem durch die Automatisierung erreicht.
- Reduzierung von Fehlbestellungen und „Maverick-Käufen", die bei einem klassischen Beschaffungssystem bis zu 40% ausmachen können. Durch die Automatisierung konnte z.B. IBM diesen Anteil auf unter 2% senken.

---

[3] Vgl. Arnold, U. (1997), S.15 f.
[4] Vgl. Schottmüller, R, S. 21

2.2 Strategische Beschaffung

Wenn das E-Procurementsystem optimal genutzt wird, können die Mitarbeiter die Zeitersparnis effizient nutzen, um eine verbesserte taktische und strategische Planung zu realisieren. So ergibt sich ein Kreislauf, der Schritt für Schritt die Beschaffung perfektioniert.

2.3 Allgemeine Probleme der Beschaffung

Die Einführung von E-Procurement kann die internen und externen Probleme der Beschaffung minimieren. Derzeit kann davon ausgegangen werden, dass sich interne/externe Probleme etwa zwei zu drei verhalten[5]. Bei den externen Problemen werden u.a. unzureichende Lieferzuverlässigkeiten verbessert und das Spektrum an möglichen Lieferanten erweitert. Intern kann den Forderungen der besseren organisatorischen Einbindung des Einkaufs und dem Zwang zur Kostenreduzierung nachgekommen werden.[6]

2.4 Wandel der Unternehmensorganisation

Mit der zunehmenden Automatisierung, geringerer Fertigungstiefe, Verkürzung der Produktlebenszyklen und damit auch der Entwicklungszyklen, und nicht zuletzt durch die Entwicklungen im E-Commerce, ist es für ein Unternehmen unerlässlich, den Einkauf mehr in die Produktgestaltung und Absatzstrategien einzubeziehen. Die Organisationen werden den Prozessen angepasst, das klassische funktionsorientierte Handeln verschwindet zunehmend aus den Unternehmen. Der Einkauf wird zum Beschaffungsmanagement mit Dienstleistungscharakter. Entscheidungen müssen auf Grund weniger Daten schnell getroffen werden. Mit E-Procurement wird diese Entwicklung unterstützt. Daten können schneller geliefert werden, die Entscheidungen werden sicherer.

Abschießend kann festgehalten werden, dass Waren und Dienstleistungen durch den Einsatz von E-Procurementsystemen effizienter und schneller beschafft werden können.

Die Einsparpotentiale werden in der Abbildung 3 deutlich.

---

[5] Vgl. Sebastian, K.H., Niederdrenk, R. (1999), S. 385 f.
[6] Vgl. Anhang 1, S. 27

Messgröße	Einsparungen
Einkaufspreise	3 – 15%
Qualität	1 – 4%
Kapitalbindung	2 – 11%
Lieferzuverlässigkeit	16 – 21%
Kundenzufriedenheit	2 – 5%
Entwicklungskosten	8 – 15%
Entwicklungszeit	6 – 35%
Materialkosten	2 – 25%
Produktkosten	2 – 29%

Abbildung 3: Erreichbare Einsparungen bei E-Procurement Projekten[7]

2.5 Vergleich von klassischem Beschaffungsprozess und E-Procurement

Zuerst sollen die grundsätzlichen Merkmale der beiden Arten verglichen werden.

Klassischer Beschaffungsprozess	E-Procurement
• Abwicklung größtenteils in Papierform, Telefon, Fax • Manuelles Genehmigungsverfahren • Unterlagen mehrfach an verschiedenen Stellen vorhanden. • 5-15 Tage Bearbeitungszeit	• Gestützt durch IT-Systeme • Automatische Genehmigungsverfahren • Unterlagen einmal vorhanden und online verfügbar • 2-5 Tage Bearbeitungszeit.

Abbildung 4: Merkmale der Beschaffungsprozesse[8]

---

[7] Quelle: IBM 2000
[8] Quelle: KPMG

Folgend ist ein klassischer und ein elektronischer Beschaffungsprozess in stark vereinfachter Form dargestellt.

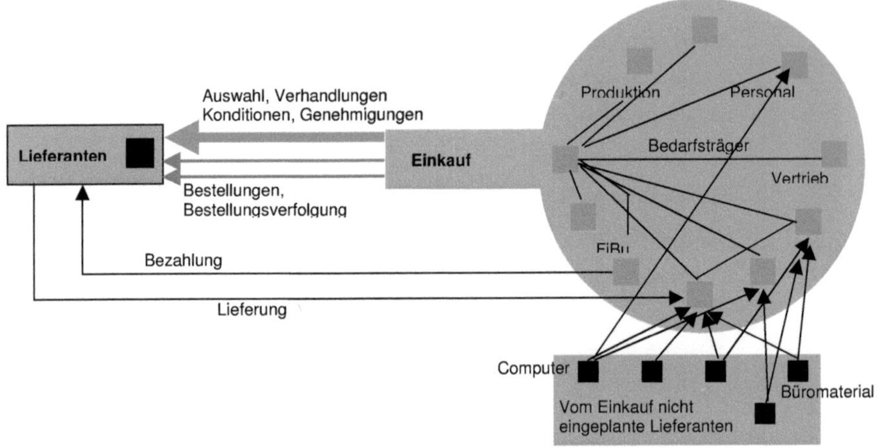

Abbildung 5: Der klassische Beschaffungsprozess[9]

So oder ähnlich wird heute noch in vielen Unternehmen beschafft. Die großen Probleme sind dabei die Mehrfacherfassung von Daten, ungenügende und nicht prozessumfassende IT–Infrastruktur und nicht bereichsübergreifende Softwarelösungen. In diesem Fall ist der Einsatz von EDV – Lösungen nicht sinnvoll. Bei der effizienten Beschaffung kann es nur heißen „Ganz oder gar nicht".

Oft sind sich die Unternehmen jedoch nicht der Tragweite bewusst oder scheuen die hohen Investitionen. Damit wird der partielle Einsatz eines E-Procurementsystems unbefriedigend.

---

[9] Quelle: KPMG

Zum Vergleich kann nun der optimierte Beschaffungsprozess mit E-Procurement betrachtet werden.

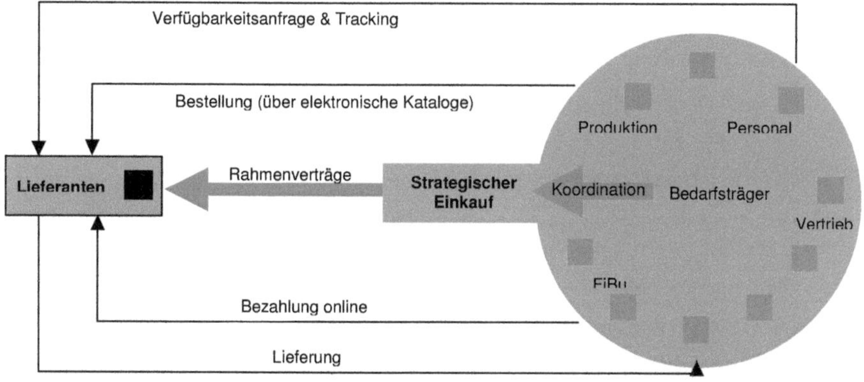

Abbildung 6: Der elektronische Beschaffungsprozess[10]

Wie leicht zu erkennen ist, wird der Prozess der Schaffung durch den Systemeinsatz extrem vereinfacht. Automatische Prozesse, z.B. Benachrichtigungen oder Prüfberichte werden nicht mehr mit dargestellt, da sie keine Mitarbeiter erfordern. Der Prozess wird sehr viel transparenter und damit auch effizienter.

---

[10] Vgl. Sollisch, F. (1998), S. 10

3.0 Grundsätze der elektronischen Beschaffung

3.1 Ziele

Einige Ziele wurden bereits im Kapitel 2 bei der Vorstellung des Systems angesprochen. Noch einmal zusammengefasst:

- Kosteneinsparung
- Zeitersparnis
- Fehlerreduzierung
- Konzentration auf strategische Aufgaben

Es sind noch weitere Ziele existent:

- Transparenz im Beschaffungsprozess

  Erstens kann ein anderer Mitarbeiter leichter die Aufgaben eines anderen übernehmen und zweitens ist die Transparenz Voraussetzung für die Integration von E-Procurement in das E-Business und SCM Konzept des Unternehmens.

- Sinnvolle Beschaffungsstrategie

  Globale und lokale Beschaffung, die vorher in einem Zielkonflikt standen, können mit E-Procurement harmonisiert werden.

- Reduzierung des Verwaltungsaufwandes

  Es sollen dabei keine Stellen abgebaut werden. Vielmehr sollen die Mitarbeiter die weniger wichtigen Tätigkeiten wie z.B. Beschaffung von Büromaterial (was im Volumen nicht unterschätzt werden sollte) zugunsten der wichtigen Lieferantenbeziehungen und Servicegedanken aufgeben.

- Image

  Ein umweltpolitischer Imagegewinn kann bspw. durch die Einsparung von Energie für die Papierherstellung erzielt werden. Zusätzlich werden die für Serviceaufgaben freigewordenen Mitarbeiter den Ruf bei Kunden und Lieferanten verbessern. So können die langfristigen Ziele des Unternehmens erreicht werden.

In wie weit die Ziele erreicht werden können, hängt in erster Linie davon ab, in welchem Umfang E-Procurement im Unternehmen eingeführt und umgesetzt wird.

3.2 Voraussetzungen

Primär ist bei der Einführung von E-Procurement der interne Beschaffungsprozess zu beachten. Dieser muss die Erfordernisse für die elektronische Beschaffung unterstützen. Es ist darauf zu achten, dass kein Bruch des Informationsflusses oder Wechsel des Informationsmediums vorhanden ist. Beispiel: Ein elektronisches Angebot auszudrucken und dann in das eigene EDV System manuell einzugeben, ist nicht sinnvoll und bringt keinen Gewinn. Weiter muss dafür gesorgt werden, dass ein durchgehendes Informationssystem (IT - System) vorhanden ist und dies auch in der gewünschten Prozessstruktur operiert. Abbildung 7 zeigt ein klassisches System in stark vereinfachter Darstellung.

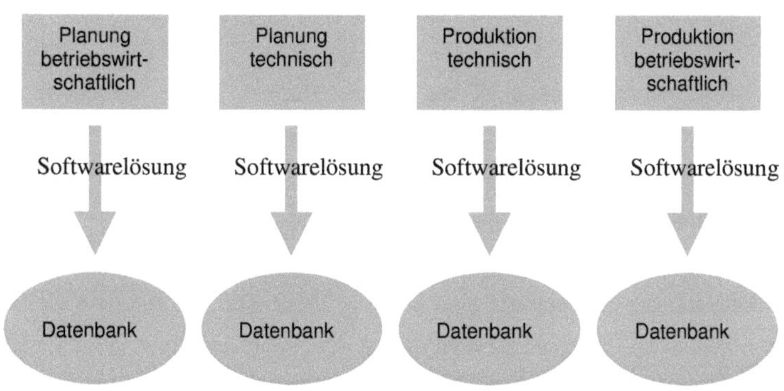

Abbildung 7: Gliederung IT - Anwendungen[11]

Die Systeme stehen isoliert voneinander da. Dies bringt ebenfalls keinen Gewinn. Um die Vorteile des E-Procurement vollständig nutzen zu können, sind detaillierte Kenntnisse über die Geschäftsprozesse und IT-Systeme notwendig.

---

[11] Vgl. Gebauer, J., Färber, F. (1999), S. 8

Wenn eine Umstellung des IT – Systems notwendig ist, sollte dieser Schritt dazu genutzt werden, die Unternehmensorganisation gleich an das System anzupassen. Damit wird noch einmal deutlich, dass E-Procurement mit der Produktion und somit auch mit der Absatzseite, idealerweise mit E-Commerce, stark verzahnt ist. Die Abteilung, welche das System betreut, sollte funktionsübergreifend aus allen Teilen des Unternehmens zusammengesetzt sein.

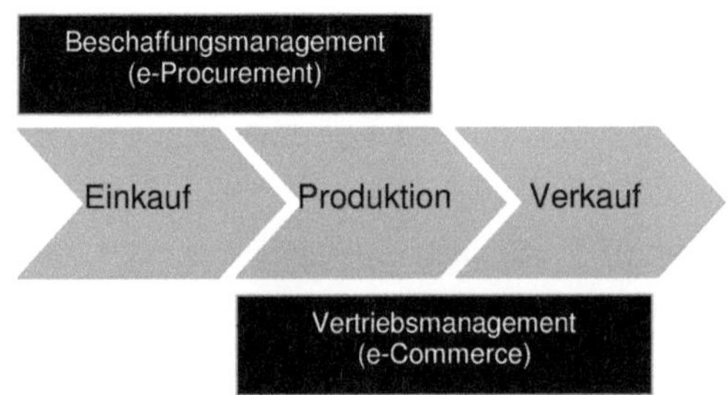

Abbildung 8: Einordnung von E-Procurement in die Unternehmensstruktur[12]

Ein weiterer wichtiger Faktor ist der externe Partner. Wenn E-Procurement eingesetzt wird, sollten auch die Lieferanten in der Lage sein, das System zu bedienen. Entweder sollte das gleiche System betrieben werden oder der Austausch über universelle Schnittstellen (EDI) gesichert sein.

Ein Faktor, der oft unterschätzt wird, sind die Mitarbeiter, die mit dem System arbeiten sollen. Die Technik ist weitgehend ausgereift und kann unter Einsatz von Kapital umgesetzt werden. Anders sieht es beim Faktor Mensch aus. Mitarbeiter haben Angst, mit der neuen und in ihren Augen komplizierten Technologie nicht zurecht zu kommen. Des weiteren befürchten sie, mit der Automatisierung ihren Arbeitsplatz zu verlieren. Dies führt zum Blockverhalten und zur Informationshortung. Durch intensive Schulung auf das System und die Umverteilung von operativen zu taktischen und strategischen Aufgaben, können die Ängste i.d.R. abgebaut werden.

---

[12] Vgl. Eyholzer, K., Hunziker, D. (1999), S.2

Eine weitere Voraussetzung für den Einsatz von E-Procurement ist die kritische Masse. Der Einsatz der teueren Technik lohnt sich erst ab einem bestimmten Beschaffungsvolumen. Wie hoch der Anteil ist, hängt von Faktoren wie Komplexität, Systemgröße, Beschaffungsmärkte usw. ab. Die Entscheidung über den Einsatz kann mit einer Portfolioanalyse gelöst werden.

3.3 Materialkategorien

Bei der Beschaffung ist essentiell zu unterscheiden, was beschafft werden soll. Dazu kann alles im Unternehmen benötigte Material in zwei Grundkategorien eingeteilt werden. Auf der einen Seite steht das direkte Material, d.h. Material, welches direkt in das Endprodukt eingeht. Dies wird wiederum in A,B, und C Material unterteilt, damit erkennbar ist, welchen Wertanteil ein bestimmtes Material am Produkt hat. Beispiel: A-Materialien sind sehr teure Teile am Produkt, die nur wenig benötigt werden. C-Materialien sind Massenartikel wie Schrauben oder Standardtransistoren bei Computern. Diese Teile werden meist nach Gewicht oder kartonweise beschafft, weil der Aufwand, jedes Teil genau zu prüfen und zu zählen, nicht mit dem Preis vereinbar ist.

Weiter gibt es indirektes Material, welches auch als MRO-Material bezeichnet wird. Dies sind Materialien, die nicht in das Produkt direkt eingehen. Darunter fallen Hilfs- und Betriebsstoffe (z.B. Schmieröl) und Büromaterialien (z.B. Papier, Stifte, Toner, Stempel). Diese zu beschaffen ist mit hohem Aufwand verbunden, da in klassischen Prozessen keine Bündelung und Organisation stattfindet.

Zum besseren Verständnis ist im Anhang 2 eine Gegenüberstellung der Materialkategorien zu finden.

Wenn E-Procurement eingesetzt wird, wird typischerweise erst beim MRO-Material begonnen, weil das MRO-Material die größten Potentiale in sich birgt. Weiter können sehr schnell Erfolge vorgewiesen werden. Dies motiviert die Anwender, das System konsequent und langfristig zu nutzen.

Aber die MRO-Materialbevorzugung hat noch einen weiteren Grund. Meist sind die Beschaffungsprozesse für direktes Material weitgehend manuell optimiert und können somit problemlos weitergeführt werden, bis das E-Procurement eingeführt ist und die Mitarbeiter mit der Anwendung vertraut sind.

Wenn dieser Schritt erfolgt ist, wird bei den direkten Materialien fortgefahren. Auch hier wird eine Reihenfolge eingehalten. Begonnen wird mit den C-Materialien. A- und B-Materialien in E-Procurement umzusetzen, erfordert eine sehr starke Prozessorientierung der Unternehmensorganisation und ist nicht immer sinnvoll, da bei A-Teilen oft direkte Verhandlungen mit dem Lieferanten nötig sind.

Abschließend kann festgehalten werden: Es gibt grundsätzlich drei Material-merkmale, welche die Verwendbarkeit für das E-Procurement beschreiben.

- Grad der Standardisierung

  Schrauben z.B. sind nach DIN Nummern sortiert. Die Beschaffung ist ohne weitere Erklärung elektronisch möglich. Ebenso verhält es sich bei vielen Büromaterialien oder Hilfsstoffen.

- Verhältnis von Warenwert und Transaktionskosten

  Dies wird mittels der ABC-Analyse bestimmt.

- Grad der Eignung für das Internet

  Unter dieses Merkmal fallen alle Produkte, die über das Internet konfiguriert, getestet, bezogen oder aktualisiert werden können. Beispiele sind Hardware, Software und Informationen.

3.4 Geschäftsbeziehungen

In den vorhergenden Kapiteln wurde oft von der Bedeutung der Geschäfts-beziehung gesprochen. Dies ist insofern wichtig, da Verträge über Lieferung und Leistung meist erst nach einem persönlichen Kennenlernen abgeschlossen werden. Dabei gilt folgende Regel: Je höher der Materialwert, desto wichtiger ist ein Vertauensverhältnis zwischen Lieferant und Kunde. Das kann und wird auch E-Procurement nicht abschaffen. Ein A-Teile Lieferant wird niemals hohe Rabatte aufgrund einer Internetbestellung gewähren.

4.0 Unternehmensorganisation

Um E-Procurement effizient und kostendeckend einzusetzen, ist eine bestimmte Unternehmensorganisation erforderlich.

Die funktionale Organisationsform hat mit E-Procurement keine Zukunft. Die Organisation muss konsequent prozessorientiert sein. Informationshocker und Blocker behindern E-Procurement.

Die enge Verzahnung im Informationsfluss beim Einsatz von E-Procurement und die prozessübergreifenden Entscheidungen machen eine funktionsorientierte Organisation unmöglich[13].

5.0 Modelle für die elektronische Beschaffung

Die Beziehungen zwischen Lieferant und Kunde im B2B kann in drei grundsätzliche Geschäftsmodelle gegliedert werden.

5.1 Sell-Side-Lösung

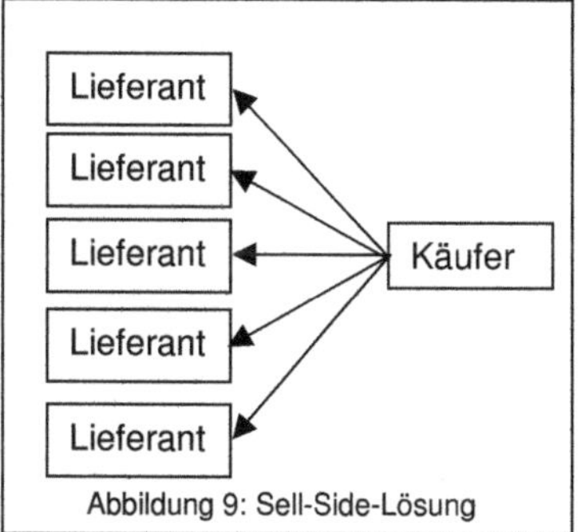

Abbildung 9: Sell-Side-Lösung

Sell-Side-Lösungen basieren auf Produktkatalogen, die auf der Seite der Lieferanten abgelegt sind. Dazu gehören auch die Shop-Systeme, bei denen die Produkte über das Internet vertrieben werden (siehe Kap. 6.1). Dabei fehlt meistens die Anbindung der Lieferanten an die unternehmenseigene IT-Infrastruktur. Die Lösung ist also im Hinblick auf die vereinfachte Beschaffung nur bedingt geeignet. Es gibt jedoch Fälle, in denen es sinnvoll sein kann, dieses Modell anzuwenden. Dazu gehört der Bereich der Investitionsgüter und Spezialprodukte, bei denen es wenige Anbieter gibt und eine geringe Bestellfrequenz vorliegt. In Abbildung 12 kann die Eingruppierung und Anwendung der Lösung verdeutlicht werden.

---

[13] Dolmetsch, R. (2000), S.131 f.

5.2 Buy-Side-Lösung

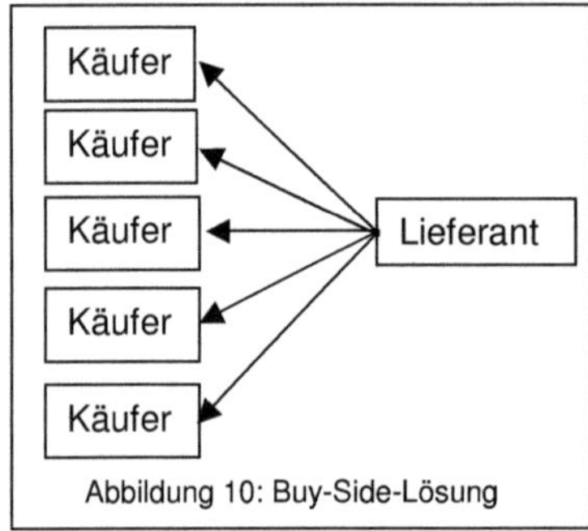

Abbildung 10: Buy-Side-Lösung

Buy-Side-Lösungen basieren auf Katalogen, die auf Seiten der beschaffenden Unternehmen liegen. Dabei sind Lösungen, die auf Standardsoftware basieren, gut bekannt. Daneben gibt es webbasierende Lösungen, die in das Intranet der beschaffenden Unternehmen eingebunden sind (siehe auch Kap. 6.3). Pflege und Aktualisierung der Kataloge werden von den Lieferanten durchgeführt. Auch hier kann die Einordnung und Anwendung in der Abbildung 12 eingesehen werden.

5.3 Elektronische Marktplätze

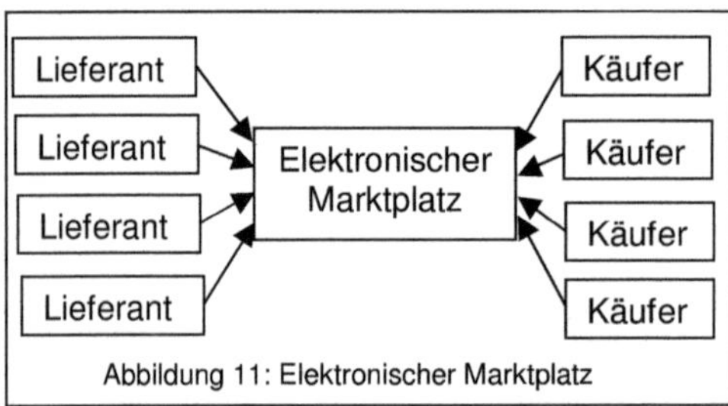

Abbildung 11: Elektronischer Marktplatz

Hier treffen sich viele Anbieter und Nachfrager. Bestehende Marktplätze werden heute von eigenständigen Unternehmen, so genannten Brokern (siehe Kap. 6.2), betrieben.

Unterschieden werden vertikale Marktplätze, in denen sich nur Unternehmen einer Branche treffen[14], und horizontale Marktplätze in denen auch branchenübergreifend gehandelt wird. Darüber hinaus kann auch die Vorgehensweise differenziert werden:

---

[14] Beispiel: Convisint für die Automobilbranche

- Reverse Auctioning

  Die klassische Form der Auktion. Die Käufer steigern um ein angebotenes Produkt. Neben dem Preis spielen auch Verfügbarkeit, Lieferkosten und Lieferzeit eine Rolle.

- Inverse Auctioning

  Diese Methode kann mit einer Ausschreibung verglichen werden. Der Käufer sucht ein bestimmtes Produkt zu bestimmten Konditionen und die Lieferanten geben ihr Gebot ab. Dies kann offen oder verdeckt geschehen. Diese Form birgt die größten Einsparpotentiale in sich, ist aber im Hinblick auf Wirtschaftlichkeit und Zuverlässigkeit etwas risikoreicher.

- Einkaufsgemeinschaften

  Der Bedarf mehrerer Käufer kann über dem Marktplatz gebündelt werden. Damit wird eine bessere Position gegenüber dem Lieferanten erzeugt. Zu beachten sind jedoch die wettbewerbsrechtlichen Aspekte.

Bei allen Marktplatzlösungen besteht meist das Problem, dass die IT-Infrastrukur von Unternehmen und Marktplatzbetreiber nicht zusammen passen (siehe auch Kap. 7.0).

5.4 Anwendungsbereiche

Die Matrix in Abbildung 12 kann eine Entscheidungshilfe leisten, welche Produkte für E-Procurement geeignet sind und welches System verwendet werden sollte. Dabei wird erstens unterschieden, inwieweit die Lösung die Möglichkeit zur Automatisierung bietet und zweitens, ob es eine Einbindung in Beschaffungsstrategien oder unterstützende Funktionen des eigentlichen Einkaufsprozesses gibt.

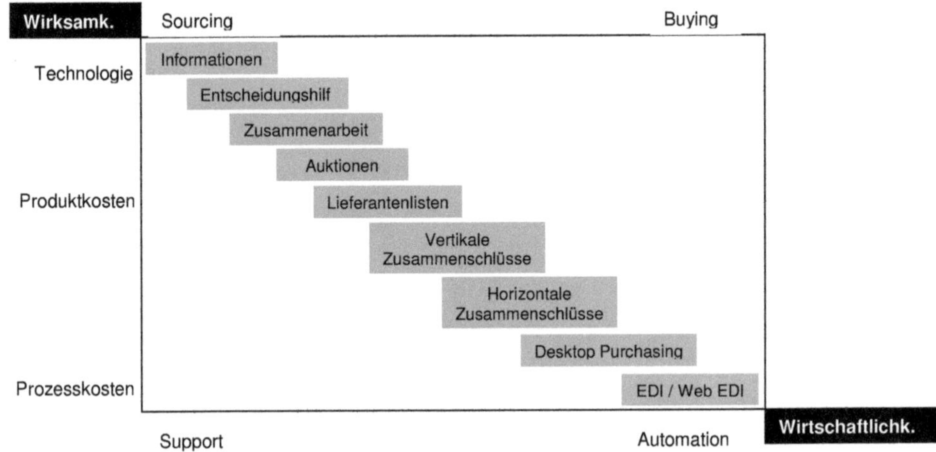

Abbildung 12: Positionierung der B2B Lösungen in der Beschaffung[15]

Die größte Wirtschaftlichkeit wird erzielt, wenn der Fokus auf den Prozesskosten bei einem hohen Automatisierungsgrad und einem reinen Einkaufsprozess liegt. Umgekehrt wird eine hohe Wirksamkeit erreicht.

---

[15] Gebauer, J., Zagler, M. (2000)

6.0 E-Procurement-Syteme

6.1 Shop Systeme[16]

Viele Lieferanten bieten heute Shop-Systeme an, um einen weiteren Vertriebskanal zu öffnen. Dem Anwender im beschaffenden Unternehmen wird erlaubt, verschiedene Produktkataloge zu durchsuchen, komplexe Produkte zu konfigurieren und die Order elektronisch zu platzieren. Vorteilhaft ist die Einfachheit in der Bedienung. Nachteilig sind die nicht konsolidierten Produktkataloge verschiedener Händler in einem MSPC. Daher sind Angebotsvergleiche nicht direkt möglich.

Ein zusätzliches externes Problem ist das Fehlen einer einheitlichen Geschäftssprache, was zur Folge hat, dass die Systeme nicht gleichmäßig in die IT-Infrastruktur des Beschaffungsunternehmens eingebunden werden können. Als Standardlösung hat sich TrustedLink Distribution von Harbinger herausgebildet. Im Anhang 3 können die genauen Vor- und Nachteile von Shop-Systemen eingesehen werden.

6.2 Brokermodell[17]

Angesichts der Nachteile von Shop-Systemen sind auf dem Markt eine Vielzahl von Brokern und Content-Providern entstanden, die eine breite Palette an Leistungen aus einer Hand anbieten. Dies kann branchenspezifisch oder branchenübergreifend geschehen. Der Broker stellt dabei in einer Datenbank für beide Seiten Informationen bereit. Über den Marktplatz können Lieferanten und Käufer sowohl Angebote wie Nachfragen platzieren.

Damit wird die Nutzung von webbasierten Lösungen efiizienter, da der Informationsstrom gebündelt und verdichtet wird. Ziel des Brokers ist es, Lieferant und Käufer auf hohem Informationsniveau zusammen zu führen.

Vorteile: Der Einkäufer gelangt schneller zum Ziel, die Informationen sind hochverdichtet und die Preisgestaltung wird dynamischer. Für einige Unternehmen ist auch die Anonymität wichtig.

Nachteile bestehen oft in der rechtlichen Frage, wer die Provision zu tragen hat und in der nur sehr schmalen und speziellen Abdeckung der Brokerplattformen. Zusätzlich fehlt eine einheitliche Regelung der

---

[16] Vgl. Dolmetsch, R., S. 141 f
[17] Vgl. Dolmetsch, R., S. 143 f

Genehmigungsverfahren. Dies führt zu einer Verlangsamung des Beschaffungsprozesses. Im Anhang 4 sind alle Vor- und Nachteile aufgezeigt.

6.3 DPS (Desktop Purchasing Systems)[18]

DPS basieren auf Browseroberflächen mit grafischer Unterstützung und der Einbindung von mehreren Katalogen sowie ERP-Systemen. DPS ermöglichen somit eine effiziente Beschaffung auch seitens selten beschaffender Mitarbeiter und nichtkodierte Produkte. Die Standardlösungen für DPS werden von den Marktführern Oracle und SAP hergestellt.

Die Abbildung 13 verdeutlicht grafisch die Funktionsweise eines DPS.

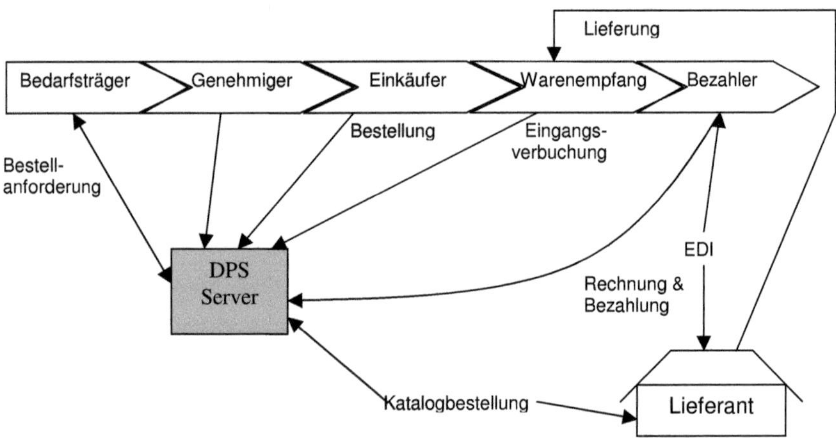

Abbildung 13: Vollständige Unterstützung der Beschaffung durch ein DPS[19]

Über DPS hat jeder Bedarfsträger im Unternehmen Zugriff auf die Produkte der Lieferanten, mit denen der Einkauf Rahmenverträge vereinbart hat. Die Funktionalität umfasst das Generieren von Bestellungen, den Genehmigungsprozess, das Übergeben der Bestellung an das ERP-System, Tracing und Tracking[20], Wareneingang und FiBu. Vorteile sind die interne Ünterstützung des Beschaffungsprozesses und die einfache HTML oder Java Benutzerführung. Nachteile sind die hohen Kosten und die Voraussetzung von

---

[18] Vgl. Dolmetsch, R., S. 152 f
[19] Vgl. Dolmetsch, R., S. 155
[20] Sendungsverfolgung

komplexer IT-Infrastruktur. Alle Vor- und Nachteile sind im Anhang 5 einzusehen.

7.0 Sicherheitsaspekte und Probleme

Wenn E-Procurement effizient genutzt werden soll, ist es Voraussetzung, das System in alle Unternehmenbereiche vollständig zu integrieren. In der Übersicht in Anhang 6 ist ersichtlich, dass die meisten Probleme (ca. 80%) durch falsche Bedienung des Systems hervorgerufen werden. Diese Probleme sind meist vom System selbst verursacht. Das hängt in erster Linie mit der Qualität des Systems und dem Schulungsaufwand zusammen. Die Mehrheit der Bedienungsfehler treten bei webbasierten Systemen auf. Bei DPS sind sie weitgehend ausgeschlossen.

Neben diesen internen Problemen hinsichtlich der Akzeptanz und Umsetzbarkeit sollen auch die externen Probleme von E-Procurement Systemen angesprochen werden[21]:

- Vielzahl von Dateiformaten zwischen Lieferant und Käufern
- Hoher Aufwand für die Konvertierung von Daten, Transfer und Import multimedialer Produktkataloge
- Hoher Aufwand und ungenügende Anwendung von Transaktionen für Bestellungen und Rechnungen über EDIFACT
- Hoher Aufwand für unterschiedliche Anforderungen im Bereich der Produktklassifizierung
- Systemanbieter verwenden propietäre, inkompatible Datenformate.
- Es fehlt an Werkzeugen und allgemein anerkannten Standards.

Ein weiteres Problem stellen die Sicherheitsaspekte dar. Erstens ist es problematisch, jedem Nutzer seinen persönlichen Handlungsspielraum zuzuweisen (nicht jeder Beschaffer darf über jede Summe selbst entscheiden), und zweitens ist der externe Sicherheitsstandard SET noch nicht weit genug akzeptiert. Besonders letzteres macht die effiziente Nutzung durch die Skepsis und dadurch resultierende manuelle Prüfung seitens der Mitarbeiter fast unmöglich. Das Sicherheitsproblem wird umso komplexer, je intensiver SCM betrieben wird und je mehr Externe am Informationssharing beteiligt sind.

---

[21] Vgl. Renner, T. (1999), S. 130 f

8.0 Zukunftsaussichten

Ein produzierendes Unternehmen, welches langfristig wettbewerbsfähig sein will, kommt um E-Procurement nicht herum. Allein die Entwickungszeit und der Lebenszyklus von Produkten, Entwicklungen und nicht zuletzt Informationen machen den Einsatz notwendig.

In der Beschaffung lässt sich somit folgender Pfad aufzeigen:
Für den operativen Einkauf werden kostengünstigere, webbasierende DPS Lösungen angeboten, die zu Marktplatzlösungen erweitert werden, was die Intranetlösungen überflüssig macht. Die noch bestehenden Probleme des DPS werden gelöst und somit auch Konfigurationen und Ausschreibungen möglich.
Dynamisches Pricing und Verfügbarkeitsabfragen werden realisiert, was den Beschaffungsprozess noch effizienter gestaltet.
Über das Internet ist ein Zugriff auf das DPS anderer Unternehmen möglich. SCM wird damit schneller und zuverlässiger.
Für den strategischen Einkauf ergeben sich folgende Perspektiven:
Kunden wird der Zugriff auf große Datenbanken, in denen Lieferantenbewertungen abgelegt sind, ermöglicht, Dies erlaubt eine Automatisierung der Marktforschung und die Vereinfachung der Strategiebildung.

Zukünftig wird prognostiziert SSC einzusetzen, was wiederum die Auslagerung der Beschaffung als Dienstleistung für mehrere Unternehmen bedeutet und damit auch die Konzentration auf das Kerngeschäft verbessert.

Derzeit wird bereits an einem einheitlichen Nummerierungsstandard gearbeitet[22], der bereits in naher Zukunft verfügbar sein wird und die Katalogbildung weiter vereinfacht.

Ein Problem wird es auch weiterhin geben: Die fehlenden Sicherheitsstandards und die enorme Komplexität des Systems setzen ein gewisses Vertrauen voraus. Abhilfe werden auch neue Firewalls und 256 Bit-

---

[22]Die Firma CCG in Köln arbeitet an einem EAN Standard

Verschlüsselungssysteme nur bedingt bringen. Pessimisten prognostizieren eine Zunahme der Internet-Wirschaftskriminalität.

Fazit:

E-Procurement Systeme erfordern eine prozessorientierte Abstimmung von Unternehmen und deren Lieferanten. Richtig eingesetzt stellen sie eine große Bereicherung für Unternehmen dar.

Autorenverzeichnis

Arnold, U.

Beschaffungsmanagement, Stuttgard 1997

Dolmetsch, Ralph

E-procurement : Sparpotential im Einkauf

München : Addison-Wesley, 2000

Eyholzer, K.

E-Procurement in Schweizer Unternehmen: Eine Analyse von

Fallbeispielen, Arbeitsbericht Nr. 124, Instituf für Wirtschaftsinformatik,

Bern 2000

Eyholzer, K., Hunziker, D.

Internet-Einsatz in der Beschaffung, Arbeitsbericht Nr. 118,

Institut für Wirtschaftsinformatik, Bern 1999

Gebauer, J., Färber, F.

From Pilot to Practise – Streaming Procurement and Engeneering at

Lawrence Livermore National Laboratory, http://www.haas.berkeley.edu/

citm/procurement/publications/LLNL2.pdf

Gebauer, J., Zagler, M.

Assesing the Status Quo and Future of B2B E-Commerce,

http://www.haas.berekleyedu

IBM

The IBM Procurement Story- Achiving Results with e-Procurement,

http://www-1.ibm.com/procurement/html/eprocurement/pages/index.html

Kauffels, F.

E-Business: Methodisch und erfolgreich in das E-Commerce-Zeitalter,

Bonn 1998

KPMG Consultung AG

ELECTRONICPROCUREMENT

Chancen, Potenziale, Gestaltungsansätze, 2000

KPMG Consultung AG

Elektronic Procurement in deutschen Unternehmen:

Der Implementierungsschub steht noch bevor, Januar 2001

Renner, T.

Produktkataloge und der BMEcat-Standard – Chencen und Grenzen elektronischer Produktkataloge in Intranet undInternet, in: Bogaschewsky, R. (Herg.), Elektronischer Einkauf: Erfolgspotentiale, Praxisanwendungen, Sicherheits- und Rechtsfragen, S. 111 – 138, Gernsbach 1999

Schottmüller, R

Skript Beschaffungsmanagement I, WS01/02, September 2001

Sebastian, H.-H., Niederenk, R.

Beschaffung und Verkauf – Von der Konfrontation zur Kooperation, in: Hahn, D., Kaufmann, L. (Hrsg.), Handbuch industrielles Beschaffungsmanagement, S. 381 – 398, Wiesbaden 1999

Soellner, N., Mackrodt, C.

Leadship in Procurement Management, in: Hahn, D., Kaufmann, L. (Hrsg), Handbuch industrielles Beschaffungsmanagement, S. 75 – 100, Wiesbaden 1999

Sollish, F.

Preparing your Purchasing Department for Electronic Commerce, http://www.haas.berkeley.edu/citm/wip/924-2NAPM.pdf

Tabellen, Grafiken und Anlagen

Anhang 1: Probleme im Beschaffungsbereich

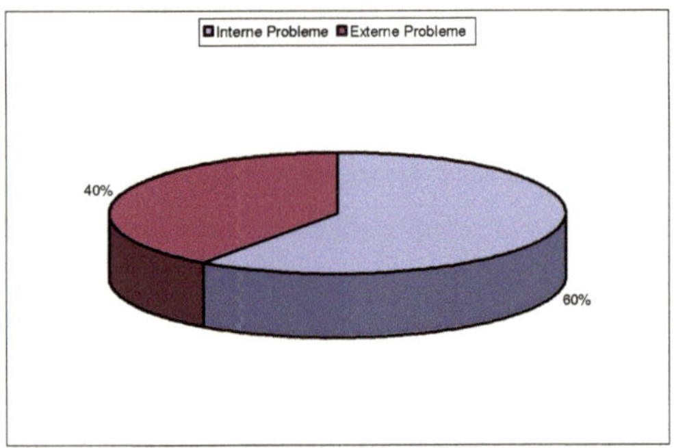

Vgl. Sebastian, K.H., Niederdrenk, R. (1999), S. 385 f.

Anhang 2: Gegenüberstellung von direktem und indirektem Material

	Direktes Material	Indirektes Material
Beschaffungsmerkmal	• Eindeutige Artikelkennzeichnung • Teilweise unternehmensspezifisch hergestellt • Eindeutige Zurechenbarkeit	• Katalogartikel • Große Bestellmengen • Oftmals keine eindeutige Artikelkennzeichnung
Lieferanten	• Im allgemeinen OEM • Begrenzte Anzahl an Lieferanten • Lang andauernde Beziehungen	• Oftmals Großhändler • Große Anzahl an Lieferanten
Abwicklung	• Bedarfe werden vorhergesagt • Bedarfe werden durch intelligente Systeme gesteuert • Große Unterstützung	• Keine Planung der Bedarfe • Oftmals unregelmäßige Beschaffung • Güter haben einen geringen Wert

Vgl. IBM (2000)

Anhang 3: Vor- und Nachteile von Shopsystemen

Vorteile anbielterseitige Shop-Systeme	Nachteile anbieterseitige Shopsysteme
• Leichte Bedienbarkeit • Keine Kosten für ein DPS • Keine Kosten für das Content – Management • Kurze Lieferzeiten durch direkte Eingabe der Bestellung in das System des Anbieters • Abbildung konfigurierbarer Produkte	• Bedarfsträger bzw. Bestellanforderer muss für jeden Anbieter eine andrere URL abfragen. Keine Integration verschiedener Anbieter unter einer einheitlichen Oberfläche mit einheitlicher Funktionalität. • Keine elektronisch untersttzen Pruduktvergleiche durch Suchabfragen über mehrere Anbieter • Die Preise im Shopsystem müssen manuell mit den verhandelten Preisen im ERP-System verglichen werden. • Da der OBI Standard heute noch nicht weit verbreitet ist, müssen Bestellungen bei Lieferanten ohne EDI Anbindung manuell zusätzlich in ein ERP System eingegeben werden. • Genehmigungsprozesse können ohne DSP nicht elektronisch unterstützt werden • Der Besteller muss Finanzinformationen wie Anlagkonten, Materialstämme und Kostenstellen manuell in jede Bestellanforderung eingeben.

Vgl. Dolmetsch, R., S. 143

Anhang 4

Vor- und Nachteile von Brokersystemen

Vorteile von Brokern	Nachteile von Brokern
• Vermittlung eines aktuellen und detaillierten Überblicks über Marktangebote. Zur Reduktion der Suchzeiten sind diese unter einer URL abrufbar. • Effeziente Abwicklung von Ausschreibungen und Auktionen. • Die Vergleichbarkeit von Produkten verschiedener Anbieter erleichtert die Auswahl des günstigsten Angebotes. • Broker bieten die Möglichkeit, anonym zu beschaffen. • Einige Broker ermöglichen Abfragen von Verfügbarkeit zugunsten kurzer Lieferzeiten. • Broker können Nachfrage bündeln und dadurch bessere Preise erzielen.	• Broker decken gewöhnlich nur einen schmalen Produktbereich in ausreichender tiefe ab. • Viele bei Brokern vertretene Anbieter sind kleine Unternehmen, die bisher nicht überregional tätig sind. • Häufig kann ein großes Unternehmen mit dem Anbieter/Hersteller direkt bessere Preise verhandeln als unter Zweischenschaltung eines Brokers • Keine Unterstützung er internen Genehmigungs-, Verbuchungs- und Warenempfangsprozesse. • Beschaffungsdaten müssen manuell zusätzlich ins eigene ERP-/Lagcy-System eingegeben werden. • Viele Yellow Pages bieten veraltete Produkt-/Anbieterinformationen an. • Vermittlungsgebühr für den Broker wird fällig, ohne dass reduzierte Suchzeiten im beschaffenden Unternehmen in konkrete Kostenersparnisse umgesetzt werden.

Vgl. Dolmetsch, R., S. 152

Anhang 5: Vor- und Nachteile von DPS

Vorteile von DPS	Nachteile von DPS
• DPS unterstützen die interne Beschaffungsabläufe und reduzieren die Prozesskosten. • Änderungen von Kontrakten können zentral gepflegt werden und sind unmittelbar in allen Konzerngesellschaften verfügbar. • DPS ermöglichen den Mitarbeitern einen einfachen Zugriff auf verhandelte Produkte und aktuelle Informationen und unterstützen den Benutzer bei der Sourcing Entscheidung. • Prinzipiell sollte jeder Mitarbeiter fähig sein, ein DPS über den Browser zu bedienen. • Alle verhandelten Produkte sind unter einer einheitlichen Benutzeroberfläche über eine Anwendung zugänglich, ohne dass der Benutzer verschiedene URLs aufrufen muss. • Die Mitarbeiter erhalten Transparenz über den Beschaffungsprozess. Dies führt zu Lagerbestandsreduktionen, Prozessengeneering und effizientem Prozessmanagement • DPS tragen zum Investitionsschutz von ERP-Systemen und der Internet-Infrastruktur bei.	• DPS unterstützen keine konfigurierbaren Produkte in Katalogen. • DPS unterstützen heute keine Ausschreibungen. • Kosten für das Content Management fallen beim beschaffenden Unternehmen an. • Nicht alle Lieferanten haben einen elektronischen Produktkatalog. • Lieferanten liefern Produktdaten teilweise in schlechter Qualität. • DPS machen es weiterhin notwendig, sich mit dem Lieferanten über ein Format für elektronische Bestellungen zu einigen.

Vgl. Dolmetsch, R., S. 159

Anhang 6: IT-Sicherheitsprobleme

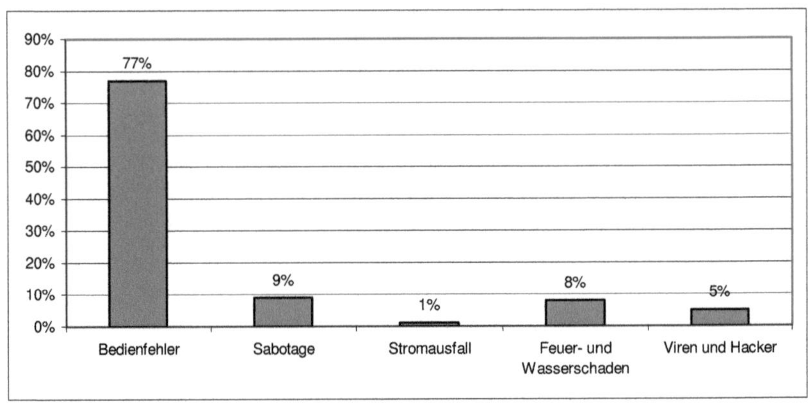

Vgl. Kauffels, F. (1998), S.146